BEI GRIN MACHT SICH IHR WISSEN BEZAHLT

AF167152

- Wir veröffentlichen Ihre Hausarbeit, Bachelor- und Masterarbeit

- Ihr eigenes eBook und Buch - weltweit in allen wichtigen Shops

- Verdienen Sie an jedem Verkauf

Jetzt bei www.GRIN.com hochladen und kostenlos publizieren

GRIN

Präsentationstechnik. Zuhöreranalyse, Konzept der Präsentation, Power-Point-Folien, Kommunikationsarten und Argumentationskette

Madeleine Hartleff

Bibliografische Information der Deutschen Nationalbibliothek:

Die Deutsche Nationalbibliothek verzeichnet diese Publikation in der Deutschen Nationalbibliografie; detaillierte bibliografische Daten sind im Internet über http://dnb.d-nb.de abrufbar.

ISBN: 9783346467300
Dieses Buch ist auch als E-Book erhältlich.

Druck und Bindung: Books on Demand GmbH, Norderstedt Germany
Gedruckt auf säurefreiem Papier aus verantwortungsvollen Quellen

Das vorliegende Werk wurde sorgfältig erarbeitet. Dennoch übernehmen Autoren und Verlag für die Richtigkeit von Angaben, Hinweisen, Links und Ratschlägen sowie eventuelle Druckfehler keine Haftung.

Das Buch bei GRIN: https://www.grin.com/document/1041454

Einsendeaufgabe

Aufgabe: B

im Studiengang Psychologie (B. Sc.)

im Fach Selbstmanagement

an der

SRH Fernhochschule – The Mobile University, Riedlingen

Verfasserin: **Madeleine Hartleff**

Inhaltsverzeichnis

Abbildungsverzeichnis

Tabellenverzeichnis

1 B1 – Zuhöreranalyse

Nach Hartmann, Funk und Nietmann (2012) ist das Ziel einer Präsentation andere Menschen zu erreichen und sie gezielt zu informieren. Des Weiteren sollen die Personen zum Handeln gebracht werden und von den eigenen Ideen und Positionen überzeugt werden (Hartmann et al., 2012, S. 21).

In diesem Fallbeispiel wird eine Beraterin von einem der marktführenden Kurierdienste Deutschlands eingeladen, um in einer 20-minütigen Präsentation ihr Konzept für Sicherheitsbestimmungen im Bereich der Kurier-, Express- und Paketdienste vorzustellen.

1.1 Bedeutung der Zuhöreranalyse

Bevor die Beraterin sich mit dem Ziel und der Kernbotschaft ihrer Präsentation beschäftigt, empfiehlt die Literatur zunächst eine Zuhöreranalyse des Auditoriums (Engelfried & Zahn, 2012, S. 45). In der Zuhöreranalyse werden verschiedene Punkte betrachtet, die eine spätere Aussage darüber zulassen, wie sich die oder der Präsentierende auf ihr oder sein Publikum vorbereitet hat (Grass, Ant, Chamberlain & Rörig, 2008, S. 24-25). Hartmann und Kollegen (2012) empfehlen verschiedene Aspekte, die bei einer Zuhöreranalyse betrachtet werden sollten. Die erste Frage sollte lauten, wie viele Personen an der Präsentation teilnehmen. Diese Information entscheidet im weiteren Verlauf unter anderem darüber, welche Präsentationsmedien eingesetzt werden können. Als Nächstes stellt sich die Frage, wie die Zusammensetzung der Zuhörerschaft gestaltet ist. Für die Präsentation ist dies von Bedeutung, weil eine Präsentation vor den Geschäftsführenden anders gestaltet wird, wie vor Personen aus dem Anwendungs- oder Durchführungsbereich. Bei dieser Betrachtung geht es aber auch um die Frage, wer, welche Entscheidungen treffen darf. Im Nachfolgenden kann auf die Frage eingegangen werden, welche Interessen die einzelnen Teilnehmenden an den konkreten Inhalten der Präsentation haben. Dabei geht es insbesondere, um die Motivation der Teilnehmer diese Veranstaltung zu besuchen. Aber auch um Fragen, welche Haltung die einzelnen Zuhörenden zu dem Thema haben und wo besondere Überzeugungsarbeit durch entsprechende Argumente geleistet werden muss. Oder welche Themen für die Präsentation aufgrund der

Teilnehmenden irrelevant sind. Ein weiterer wichtiger Punkt, der an den vorherigen anschließt, ist die Frage nach dem Nutzen der Präsentation für jeden einzelnen Teilnehmenden. Warum sollte die oder der Zuhörende an jeden Punkt der Präsentation aufmerksam zu hören? Es ist aber ebenso die Frage zu klären, welche Erwartungen, die einzelnen Teilnehmenden an die Präsentation haben. Da diese Erwartungen erfüllt werden sollen, muss sich die oder der Präsentierende ebenfalls Gedanken um die einzelnen Reizthemen machen. Diese Reizthemen sollten entweder nicht angesprochen werden, oder besonders sorgfältig begründet werden. Zum Schluss sollte sich die oder der Präsentierende mit der Frage beschäftigen, wie sie oder er die Zuhörenden von ihrer oder seiner Idee überzeugen kann. Hierbei ist es besonders wichtig, für jeden Teilnehmenden die passenden Argumente zu liefern. (Hartmann et al., 2012, S. 23-24).

Aus dieser Analyse der Zuhörerschaft kann unter anderem eine wichtige Information darüber gewonnen werden, welche Art von Präsentation gefordert wird (Hey, 2019, S. 28). Des Weiteren zeigt sich, nach Renz (2016), durch die Analyse die Zusammensetzung der Gruppe in zuvor definierten Punkten und in Bezug auf Hetero- und Homogenität. Dies ist wichtig, um in der Präsentation eine gute Beziehung zu jedem einzelnen Zuhörenden aufbauen zu können (Renz, 2016, S. 18).

1.2 Analyse der Zuhörer

Im Vorgespräch konnte die Beraterin herausfinden, dass während der Präsentation im Unternehmen vier Führungskräfte aus unterschiedlichen Bereichen und eine freiberufliche Kurierfahrerin anwesend sein werden. Weiterhin hat die Beraterin folgende Angaben über die Anwesenden zusammentragen können:

- Leiterin der Personalabteilung, 43 Jahre alt, seit 9 Monaten in dieser Position tätig,
- Standortleiter Süddeutschland, gleichzeitig Sicherheitsbeauftragter, 50 Jahre alt, seit 8 Jahren im Unternehmen tätig,
- Leiter des Vertriebs, 34 Jahre alt, seit 2 Jahren im Unternehmen tätig,
- Leiter der Abteilung Medizinprodukte, 58 Jahre, seit 25 Jahren im Unternehmen tätig,

- Freiberufliche Kurierfahrerin, 25 Jahre alt, seit 3 Jahren für das Unternehmen tätig.

Aus diesen Angaben kann die Beraterin bereits schließen, dass eine kleine Gruppe vorliegt, die sehr heterogen in Bezug auf das Alter und die Zeit im Unternehmen ist. Unter den fünf Teilnehmenden befinden sich vier Führungskräfte aus unterschiedlichen Abteilungen und eine Person aus der Durchführungsebene. Aus diesen Angaben kann geschlossen werden, dass das Interesse der einzelnen Personen an der Präsentation sich deutlich unterscheidet, aber auch die Vorerfahrungen zum Thema Sicherheitsbestimmungen werden eher heterogen sein. Die Personalerin hat ein anderes Interesse an dem Thema als beispielsweise der Leiter der Abteilung Medizinprodukte. Allen Teilnehmern kann das gemeinsame Interesse unterstellt werden, dass sie eine Reduzierung der Arbeitsunfälle anstreben. Wobei die Gründe hierfür unterschiedlich sind. So möchten z. B. der Standortleiter Süddeutschland und der Leiter der Abteilung Medizinprodukte nicht ständig mit Ausfällen durch Arbeitsunfälle konfrontiert sein. Es fehlen dadurch nicht nur Ressourcen, wie z. B ein Transportmittel, sondern auch die Kurierfahrer. Durch diese Ausfälle wiederum hat die Kurierfahrerin einen erhöhten Termindruck und die Gefahr für einen eigenen Arbeitsunfall steigt. Für den Leiter des Vertriebs steht im Vordergrund, dass er bei der Akquise von neuen Kurierfahrten gerne eine Statistik mit termingerechten Lieferzeiten zeigen möchte. Die Präsentation sollte also all diese Punkte abdecken und jeden Teilnehmer den Nutzen eines Sicherheitskonzepts darstellen. Ein großes Reizthema bei den Anwesenden könnte der Termindruck auf die Kurierfahrer und -fahrerinnen sein.

2 B2 – Konzept der Präsentation

Wie bereits weiter oben erwähnt wurde eine Beraterin von einen der marktführenden Kurierdienste Deutschlands eingeladen, um eine Präsentation zum Thema Sicherheitsbestimmungen zu halten. Laut dem Unternehmen bestehen zwar formal Sicherheitsbestimmungen, in der Praxis werden diese aber nur unzureichend umgesetzt. Das Ziel des Unternehmens ist es, die Ware sicher zu transportieren und ebenfalls die Sicherheit der Transportierenden zu gewährleisten.

2.1 Kernbotschaft und Ziel der Präsentation

Nachdem der Zweck der Präsentation definiert wurde und eine Zuhöreranalyse erfolgte, wird im Nachfolgenden die Kernbotschaft und das Ziel der Präsentation formuliert.

Nach Engelfried und Zahn (2012) basiert eine zielgruppenbezogene Kernbotschaft auf dem ungefähren Kern der Präsentation. Die Kernbotschaft soll dabei eine Orientierung bieten, um die Inhalte der Präsentation den eigenen Vorstellungen entsprechend zu entwickeln und das Ziel der Präsentation zu treffen (Engelfried & Zahn, 2012, S. 58).

Die Kernbotschaft der Präsentation lautet, frei nach Henry Ford: „Der größte Feind der Sicherheit ist die Eile."

Nach Hartmann und Kollegen (2012) soll der Zielsatz den Teilnehmern der Präsentation klar und deutlich zeigen, was sie aus der Präsentation mitnehmen können und sollen. Dabei muss die Zielsetzung klar und deutlich formuliert sein und darf den Zuhörenden nicht kompromittieren (Hartmann et al., 2012, S. 28).

Das Ziel dieser Präsentation lautet: „Ich will Ihnen die Vorteile der Sicherheitsbestimmungen darlegen, damit Sie und Ihre Kunden SICHERHEIT haben."

2.2 Gliederung der Präsentation

Im Folgenden wird das Konzept der Präsentation vorgestellt.

Bevor die eigentliche Gliederung mit ihren entsprechenden Präsentationsmedien erarbeitet wird, empfiehlt es sich in der Praxis, organisatorische Aspekte mit dem Veranstaltungspartner zu klären (Hütter & Degener, 2003, S. 44). Für diese Präsentation wird angenommen, dass ein Beamer, sowie ein Flipchart und ein Whiteboard zur Verfügung stehen.

Nach Hütter und Degener (2003) besteht eine Präsentation aus fünf Schritten (S. 74):

1. Eröffnung der Veranstaltung,
2. Hauptteil der Präsentation,
3. Zusammenfassung der Präsentation,
4. Moderierte Diskussion und
5. Abschluss der Veranstaltung.

In dieser Arbeit wird sich nur auf die ersten drei Teile der Gliederungsstruktur konzentriert.

Renz (2016) beschreibt, dass die Einleitung bzw. Eröffnung der Präsentation in etwa 15 % der gesamten Präsentationszeit ausmachen sollen. Der Hauptteil bekommt den größten Anteil mit circa 75 % und der Schluss erhält 10 % der Gesamtdauer (Renz, 2016, S. 50). Aufgrund der Gesamtzeit von 20 Minuten für die Präsentation wurde sich für die folgende zeitliche Einteilung entschieden: Einleitung – drei Minuten; Hauptteil – 15 Minuten und Schluss – zwei Minuten.

Nicht nur bei der Gliederungsstruktur muss auf die zur Verfügung stehende Zeit geachtet werden, sondern ebenso bei der Anzahl der Präsentationsfolien. Arenberg (2015) schreibt, dass es keine wissenschaftlich fundierte Aussage zu der optimalen Folienanzahl bei einer PowerPoint-Präsentation gibt. In der Literatur wird aber die 10-20-30 Regel von Kawasaki viel beschrieben (Arenberg, 2015, S. 96). Diese Regel besagt, dass eine Präsentation optimal ist, wenn sie 10 Folien hat, 20 Minuten dauert und die Folien in der Schriftgröße 30 pt geschrieben sind (Kawasaki, 2005). Diese Richtlinie wird bei dieser Präsentation zur Anwendung kommen. Insgesamt gibt es zehn PowerPoint-Folien und zusätzlich zwei Flipcharts.

In der Tabelle 1 ist die Gliederung der Präsentation, die zeitliche Planung sowie die eingesetzten Medien tabellarisch dargestellt. Im Anschluss erfolgt eine Erläuterung der einzelnen Punkte.

Struktur	Thema	Dauer in Minuten	Präsentations-medium
Einleitung	Begrüßung und Vorstellung	1	Flipchart
	Einleitung	1	PowerPoint
	Gliederung	1	Flipchart
Hauptteil	Warum Sicherheitsbestimmungen? Brainstorming aktuelle Sicherheits-bestimmungen im Unternehmen	4	PowerPoint Whiteboard
	Mitarbeitersicherheit	3	PowerPoint
	Datensicherheit	3	PowerPoint
	Transportsicherheit	3	PowerPoint
	Zusammenfassung	2	Flipchart
Schluss	Fazit	1	PowerPoint
	Verabschiedung	1	-

Tabelle 1:   Gliederung der Präsentation
(Quelle: Eigene Darstellung)

Vor Beginn der Veranstaltung ist, nach Hey (2019), darauf zu achten, dass alle Vorbereitungsarbeiten, wie das Anschließen des Laptops und das Ausprobieren des Folien-Satzes, sowie die Beschriftung des Flipcharts, frühzeitig abgeschlossen sind. Es ist damit zu rechnen, dass einzelne Teilnehmer bereits früher den Raum betreten. Jede und jeder Teilnehmenden wird persönlich begrüßt. Durch das bereitstehende und vorbereite Flipchart, wissen alle Teilnehmenden beim Betreten des Raumes, dass sie im richtigen Besprechungsraum sind. Durch den frühzeitigen Abschluss der Vorbereitungen bleibt somit noch Zeit für einen kleinen Small Talk mit den einzelnen Teilnehmern. Dadurch kann bereits eine persönliche Beziehung aufgebaut werden (Hey, 2019, S. 127-128).

Zu Beginn der Veranstaltung wird das Publikum durch den Präsentierenden begrüßt. Dafür wird gut sichtbar ein Flipchart aufgestellt. Auf dem Flipchart steht neben einem „Herzlich willkommen" noch der Name des Vortragenden. Auf der Projektionsfläche des Beamers ist bereits die erste Folie ersichtlich mit der Kernbotschaft der Präsentation. Damit die Kernbotschaft dem Präsentator nicht bereits vorweggenommen wird, sondern erst nach dem Einstieg ersichtlich ist, wird zu einem kleinen Trick bei Power Point gegriffen. Mit dem Shortcut „B" im Präsentationsmodus kann die Folie ausgeblendet werden und es erscheint eine Schwarzfolie (Graebig, Jennerich-Wünsche & Engel, 2011, S. 249). Dadurch ist gewährleistet, dass die Zuhörer sich zu Beginn voll und ganz auf den Redenden konzentrieren.

Zur Begrüßung des Publikums wird ein überraschender Einstieg gewählt, um die Kernbotschaft der Präsentation direkt deutlich zu machen (Schoof & Binder, 2017, S. 53; Schott, 2019, S. 79). Für den Einstieg kann zum Beispiel eine kleine Anekdote aus dem eigenen Leben als früherer Kurierfahrender dienen. Anschließend folgt die Begrüßung der Zuhörer und eine kurze Vorstellung der eigenen Person und der Rolle. Weiterhin wird darauf hingewiesen, dass keine Notizen während der Präsentation notwendig sind, da der Foliensatz im Anschluss per E-Mail versendet wird.

Anschließend wird das Thema der Präsentation kurz vorgestellt und die Bedeutung für die Zuhörenden erläutert (Bühler, Schlaich & Sinner, 2019, S. 82). Für die Vorstellung des Themas wird mit einer beliebigen Taste die PowerPoint-Folie aktiviert und die Kernbotschaft ist zu lesen. Anschließend erfolgt eine kurze Pause, damit die Botschaft bei den Zuhörern wirken kann (Meinholz & Förtsch, 2019, S. 429).

Im nächsten Schritt wird die nächste Seite des Flipcharts gezeigt und die Gliederung kurz und knapp erläutert. Die Gliederung soll die Neugier der Zuhörenden für das Thema unterstützen (Bühler et al., 2019, S. 82-83). Die Gliederung bleibt über die komplette Zeit des Vortrages gut sichtbar, damit die Teilnehmenden zu jedem Zeitpunkt die aktuellen Aussagen in die Gesamtpräsentation einordnen können (Meinholz & Förtsch, 2019, S. 425).

Auf der zweiten PowerPoint-Folie ist die Frage „Warum benötigen wir Sicherheitsbestimmungen?" notiert. Diese Frage wird direkt an das Publikum gerichtet mit einer Aufforderung diese zu beantworten. Da in der Zuhöreranalyse bereits herausgefunden wurde, dass die Gruppe nicht homogen ist, ist dies eine gute Möglichkeit, für den Präsentierenden den aktuellen Wissensstand der Zuhörer zu ermitteln. Mithilfe des Brainstorming-Verfahrens kann in 3-4 Minuten dargestellt werden, welche Sicherheitsbestimmungen bereits im Unternehmen vorhanden sind und welche eventuell aktiv umgesetzt werden. Der Moderierende notiert alle Vorschläge stichpunktartig in drei Kategorien „Mitarbeitersicherheit", „Datensicherheit" und „Transportsicherheit" auf dem Whiteboard. Dadurch, dass die Zuhörer aktiv beteiligt werden, erhöht dies das Interesse am Thema. Des Weiteren kann den Teilnehmenden im Verlauf der Präsentation immer wieder gezeigt werden, was diese bereits alles Wissen und wo sie selbst ansetzen können. Während dieser Mitarbeit der Zuhörenden ist es wichtig, dass die oder der Präsentierende die Zeit beachtet, um nicht später an anderer Stelle Punkte überspringen zu müssen. Abschließend wird das Thema der Notwendigkeit von Sicherheitsbestimmungen durch den Redenden nochmals knapp zusammengefasst, um in den Anwendungsteil der Präsentation überzugehen.

Der Anwendungsteil der Präsentation gliedert sich in die bereits genannten drei Bereiche „Mitarbeitersicherheit", „Datensicherheit" und „Transportsicherheit". Jedes dieser Themen wird mit einer eigenen PowerPoint-Folie dargestellt. Die Folien unterstützen die Kernbotschaft, in dem sie die Kernbotschaft auf die drei Aspekte beziehen. Während der Erläuterung der Folien wird explizit darauf eingegangen, wie in diesen Bereichen die Sicherheitsbestimmungen eingehalten werden können. Da in der begrenzten Zeit nicht auf Einzelheiten eingegangen werden kann, wird das Thema global betrachtet. Im Prinzip sollen die Führungskräfte Anregungen und grobe Werkzeuge erhalten, mit denen sie in ihren Abteilungen weiterarbeiten können. Wichtig ist, dass nach jeder Folie eine kurze Pause erfolgt, damit das Gesagte bei den Zuhörenden wirken kann.

Nach der Empfehlung von Schott (2019) wird zum Ende des Hauptteils mithilfe des Flipcharts eine kurze Zusammenfassung der Ergebnisse skizziert. Dafür wird die Agenda auf dem Flipchart vom Beginn der Präsentation verwendet. Zu Beginn des Vortrags war den Teilnehmenden noch nicht klar, was eigentlich hinter den einzelnen Punkten steckt. Zum Ende der Präsentation werden deswegen nochmals alle Punkte aufgegriffen und stichpunktartig die Ergebnisse erläutert. Dadurch wird das bereits Gehörte nochmals im Gedächtnis verankert und der

Zuhörer, kann für sich reflektieren, was sie oder er sich merken soll. Nach Schott (2019) stellt diese Zusammenfassung sicher, dass die Zuhörerschaft sich nur die wichtigen Ergebnisse merken und nicht nur die Nebenaspekte haften bleiben (S. 72). Bevor es zum nächsten Punkt geht, wird die Zusammenfassung kurz auf die Zuhörer wirken gelassen in dem eine Pause gemacht wird (Hütter & Degener, 2003, S. 242).

Nach der Zusammenfassung bleibt nur noch das Fazit über. Nach Schott (2019) entspricht das Fazit einer Schlussfolgerung. Dem Teilnehmer soll in ein oder zwei Sätzen nochmals gesagt werden, was die ganzen Dinge aus der Präsentation nun für sie oder ihn konkret bedeuten (Schott, 2019, S. 73). In diesem Fall wird die Kernbotschaft „der größte Feind der Sicherheit ist die Eile" nochmals wiederholt.

Abschließend erfolgt die Verabschiedung des Publikums. Ein wesentlicher Bestandteil ist der Dank an das Publikum für das Zuhören und das Mitarbeiten (Grass et al., 2008, S. 96) und es wird ein gutes Gelingen bei der Umsetzung der Maßnahmen gewünscht. Im Weiteren wird kurz darauf hingewiesen, dass keine Diskussion folgt, weil es bei der Wichtigkeit von Sicherheitsbestimmungen keine Diskussionsgrundlage gibt. Weiterhin wird angeboten, dass die oder der Präsentierende für die Überarbeitung einzelner Sicherheitskonzepte und deren Etablierung im Unternehmen gerne wieder zur Verfügung steht. Um keinen negativen Eindruck bei den Teilnehmern zu hinterlassen, steht die oder der Redende für ein kurzes persönliches Gespräch im Anschluss selbstverständlich noch zur Verfügung.

2.3 Medieneinsatz und Visualisierung

Im folgenden Absatz wird kurz auf die einzelnen Medien und deren Bedeutung und Wirkung auf die Zuhörenden während der Präsentation eingegangen.

Für den Medieneinsatz und die Visualisierung während der Präsentation muss gelten, dass diese die Worte des Redners unterstreichen und verdeutlichen, aber nicht als Selbstzweck dienen (Grass et al., 2008, S. 31). Grass und Kollegen (2008) empfehlen deshalb einen Mix aus verschiedenen Präsentationstechniken und Medien (S. 32). Für diese Präsentation wurde das Hauptmedium Computer mit Beamer und als Nebenmedien das Flipchart und das Whiteboard gewählt.

Der Computer mit Beamer und der Software PowerPoint von Microsoft wird in dieser Präsentation als Hauptmedium eingesetzt. PowerPoint hat, wenn der Umgang mit der Software beherrscht wird, einige Vorteile gegenüber den anderen Medien. Unter anderem ist die Gestaltung der Folien mit PowerPoint deutlich professioneller (Bühler et al., 2019, S. 69). Bühler und Kollegen (2019) schreiben weiterhin, dass PowerPoint gut geeignet ist, um neben Text auch Grafiken, Bilder und andere auditive und visuelle Medien zu integrieren (S. 69). Durch den richtigen Einsatz von Text, Bildern und Grafiken ist die Gefahr gering, dass sich die Zuhörer nur noch auf die Folien konzentrieren und nicht mehr auf das Gesagte.

Das Flipchart ist ein Nebenelement während der Präsentation. Trotzdem wird es als Dauermedium eingesetzt (Renz, 2016, S. 69). Dadurch, dass die Gliederung über den kompletten Zeitraum der Präsentation auf dem Flipchart ersichtlich ist, können Fragen von Teilnehmern zu einem Thema, das erst später kommt, eingedämmt werden (Meinholz & Förtsch, 2019, S. 425). Ein weiterer Vorteil der Gliederung auf dem Flipchart ist, dass der Präsentierende selbst immer Stichpunkte während seiner Präsentation hat (Meinholz & Förtsch, 2019, S. 425). Hütter und Degener (2003) weißen darauf hin, dass bei dem Flipchart darauf zu achten ist, dass neben einer lesbaren Schrift die Schriftgröße auf den Raum angepasst ist. Auch in der letzten Reihe muss die Gliederung noch gut lesbar sein (Hütter & Degener, 2003, S. 76).

Das Whiteboard nimmt in dieser Präsentation die Rolle eines interaktiven Mediums ein. Durch das gemeinsame Brainstorming werden die Teilnehmenden animiert ihre eigenen Gedanken stichwortartig zu sagen und die oder der Moderierende notiert diese Stichpunkte, um später wieder darauf zurückgreifen zu können. Somit ergibt sich im ersten Schritt das Whiteboard zur Ideensammlung und tritt anschließend als Dauermedium in den Hintergrund. Es kann festgestellt werden, dass die oder der Präsentierende mit diesem Medium sich aus dieser Rolle herausnimmt und zum Moderierenden wird (Bühler et al., 2019, S. 77). Für die Zuhörer entsteht außerdem der Effekt, dass sie durch die gemeinsame Erarbeitung des Themas einen stärkeren und nachhaltigeren Eindruck entfalten, als sie das beim Ablesen von Folien tun würden (Grass et al., 2008, S. 31). Das

Schreiben auf dem Whiteboard sollte im Vorfeld geübt werden, damit das Schriftbild lesbar ist (Meinholz & Förtsch, 2019, S. 426). Ein Nachteil vom Whiteboard ist, dass während des Schreibens die vortragende Person keinen Blickkontakt zum Publikum halten kann (Meinholz & Förtsch, 2019, S. 426).

Abschließend soll noch einmal erwähnt werden, dass die Ergebnisse im Vordergrund stehen und nicht die eingesetzten Medien. Die Medien sind nur Hilfsmittel, um ausgewählte Inhalte zu verdeutlichen (Hey, 2019, S. 71).

2.4 Kommunikationstechnik

Bevor mit der eigentlichen Präsentation gestartet wird, empfehlen Hartmann und Kollegen (2012) sich bereits während der Vorbereitungen positiv auf den Vortrag einzustimmen. Dies hat mehrere Effekte. Zum einen wirkt es dem Lampenfieber entgegen und zum anderen wird der Auftritt der eigenen Person vom Publikum viel souveräner und selbstsicherer wahrgenommen. Ein weiterer wichtiger Punkt in der Vorbereitung ist, nach Hartmann und Kollegen (2012), die Auswahl der Kleidung. Die Kleidung sollte dem Anlass entsprechend gewählt werden (Hartmann et al, 2012, S. 141-143). Für diesen Auftritt empfiehlt sich ein Business-Outfit. Während des Vortrags empfehlen Hartmann und Kollegen (2012) neben einen sicheren Stand, der wieder Souveränität zeigt, sich auch zu bewegen. Dabei ist darauf zu achten, dass der Präsentierende sich zum Beispiel einen Schritt auf das Publikum zubewegt, wenn sie oder er den Teilnehmenden einen wichtigen Sachverhalt erläutern möchte. Genauso kann auf die Projektionsfläche gezeigt werden, wenn ein Aspekt der Präsentation verdeutlicht werden soll. Die Positionsveränderung sollten nicht zu klein sein, Hartmann und Kollegen (2012) empfehlen mindestens zwei bis drei Meter zu gehen, damit nicht der Eindruck entsteht, dass die oder der Vortragende nervös ist (S. 143-144).

Die Gestik ist ein weiterer Punkt, der zu den Kommunikationstechniken zählt. Die Hände sollten auf in einer offenen Haltung ungefähr auf Hüfthöhe gehalten werden und aktiv eingesetzt werden (Hartmann et al., 2012, S. 144).

Nach Hartmann und Kollegen (2012) darf der Blickkontakt nicht fehlen, damit sich das Publikum angesprochen fühlt. Der Blickkontakt sollte regelmäßig mit jeder Person im Publikum aufgenommen werden. Nachdem zum Beispiel an das

14

Whiteboard geschrieben wurde, empfiehlt es sich direkt wieder den Blickkontakt aufzunehmen. Das Gleiche gilt auch, wenn etwas am Flipchart oder dem projizierten Bild gezeigt wurde (Hartmann et al., 2012, S. 145).

Weiterhin empfehlen Hartmann und Kollegen (2012) dem Publikum mit einem offenen Gesichtsausdruck und einem Lächeln auf den Lippen zu begegnen. Freundlichkeit ist ebenfalls ein Zeichen für Souveränität (S. 145).

Beim Sprechen soll, nach Hartmann und Kollegen (2012), darauf geachtet werden, dass immer klar und deutlich gesprochen wird. Dazu muss die Lautstärke der Stimme der Raumgröße angepasst werden, damit auch in der letzten Reihe noch jedes Wort verstanden wird. Weiterhin wird empfohlen klar zu sprechen und keine Anfangs- oder Endsilben zu verschluck und bewusste Pausen während des Sprechens einzulegen. Pausen strukturieren das Vorgetragene und steigern zudem die Spannung des Vortrags. Bei der Sprache ist darauf zu achten, dass nicht das geschriebene Wort verwendet wird. Bei Fach- oder Fremdwörtern, die das Publikum nicht kennt, sollten diese kurz erläutert werden. Weiterhin gilt, dass unanständige Wörter der eigenen Souveränität schaden. Bei der Argumentation für eine Position sollte weiterhin darauf geachtet werden, dass diese Argumentationskette einfach und positiv gestaltet wird und anschließend eine Erläuterung folgt (Hartmann et al., 2012, S. 146-147).

3 B3 – Power-Point – Folie zu einem ausgewählten Punkt

In diesem Abschnitt wird eine PowerPoint-Folie zu einem Punkt aus dem vorherigen Konzept vorgestellt. Anschließend wird erläutert, wie diese gestaltet wurde.

Bei der Gestaltung der Folien ist darauf zu achten, wie diese auf den Teilnehmenden wirken. Nach Hütter und Degener (2003) vollzieht sich dieser Prozess in vier Schritten. Zu Beginn nimmt die oder der Teilnehmende die Folie wahr. Das heißt, die Zuhörenden sollen zuerst die Kernaussage der Präsentation bzw. der einzelnen Folie richtig wahrnehmen. Anschließend erfolgt im zweiten Schritt das Akzeptieren. Hiermit ist gemeint, dass die Präsentation nicht nur Informationen vermitteln möchte, sondern die oder den Teilnehmenden ebenso von etwas überzeugen möchte. Im dritten Schritt soll ein Behalten der Informationen erfolgen. Abschließend erfolgt das Handeln. Wenn alle Informationen behalten und akzeptiert wurden, können diese im Nachgang zur Präsentation in der Praxis umgesetzt werden (Hütter & Degener, 2003, S. 163-164).

3.1 Präsentationsfolie

#

Abbildung 1: Präsentationsfolie

Quelle (Eigene Darstellung; Bild von Altmann (o. J.))

3.2 Aufbau der PowerPoint-Folie

In der Folie der Abbildung 1 wurde der „Goldene Schnitt" angewandt. Nach Bühler und Kollegen (2019) wird dabei darauf geachtet, dass die Folie in ein Raster von 3:5 eingeteilt wird. Dadurch wirkt die Folie zwar asymmetrisch, aber die Zuhörenden empfinden diese Art der Gestaltung zumeist als besonders ästhetisch und harmonisch (Bühler et al., 2019, S. 16). Auf der rechten Seite befindet sich ein Bild, dass das Thema Datensicherheit unterstreicht. Für die andere Fläche des Goldenen Schnitt wurde ein heller Grauton ausgewählt und eine schwarze, serifenlose Schrift. Dies schafft einen guten Kontrast und dient der Lesbarkeit (Hütter & Degener, 2003, S. 185). Des Weiteren wurde nach den Empfehlungen von Kawasaki (2005) der Text in der Schriftgröße 30 pt geschrieben.

Die Folie teilt sich durch den goldenen Schnitt in zwei Teile. Auf der linken Seite befindet sich der Text. In der oberen Hälfte wurde die Kernbotschaft der Präsentation aufgegriffen und auf das Thema der Folie „Datensicherheit" angewandt. Um unteren linken Teil werden die drei Unterkategorien, die schützenswert sind, stichpunktartig genannt.

Renz (2016) empfiehlt, außerdem bei der Gestaltung von PowerPoint-Folien, maximal neun Zeilen pro Folie anzuwenden. Weiterhin sollen pro Zeile maximal fünf bis sieben Wörter geschrieben werden. Wichtiges soll zudem noch hervorgehoben werden (Renz, 2016, S. 102). Dies kann zum Beispiel durch eine andere Schriftfarbe oder die Funktion „fett" geschehen. Auf der ausgewählten Folie wurde das Signalwort dieser Folie in Großbuchstaben geschrieben.

Hütter und Degener (2003) empfehlen für eine Folie, dass etwa 30 % der Bildfläche frei gelassen werden sollen (S. 183), weshalb im Bereich des Textes oben, in der Mitte und unten ein gleichmäßiger Abstand zwischen den Rändern und der Schrift gewählt wurde.

Da den Teilnehmenden unterstellt wird, dass sie sich den Namen des Präsentierenden und das Thema des Vortrages über die 20 Minuten merken können, wurde bei der Gestaltung der Folie auf eine Kopf- und/oder Fußleiste mit diesen Informationen verzichtet.

Da das Bild auf Pixabay ohne Einschränkungen zur Verfügung gestellt wird, erfolgt keine Nennung der Quelle zu dem Bild.

4 B4 – Kommunikationsarten und Argumentationskette

In diesem Kapitel wird erläutert, welche Bedeutung die unterschiedlichen Kommunikationsarten in dieser Präsentation haben. Dies geschieht ergänzend zu den Ausführungen des Kapitels 2.4 Kommunikationstechnik. Anschließend erfolgt die Darstellung einer Argumentationskette zum Unterthema „Datensicherheit" des Grobkonzeptes. Weiterhin wird erläutert nach welchen Prinzipien diese Argumentationskette aufgebaut wird.

4.1 Bedeutung verschiedener Kommunikationsarten

Neben dem Inhalt kommen der Rhetorik und Verständlichkeit wie auch der Körpersprache ein großer Teil für eine gelungene Präsentation zu. Diese Faktoren haben einen erheblichen Einfluss auf das Publikum und ob dieses gerne dem Vortrag folgt (Grass et al., 2008, S. 26). Deshalb wird dieser Bereich im nachfolgenden Abschnitt betrachtet.

Während der Präsentation ist darauf zu achten, dass die Zuhörenden keinen vorgeschriebenen und auswendig gelernten Text folgen, sondern einer freien Rede (Grass et al., 2008, S. 27). Trotzdem sollte darauf geachtet werden, dass in der Fachsprache gesprochen wird (Bühler et al., 2019, S. 85). Dazu sollte die Lautstärke und die Tonlage der eigenen Stimme an die Wichtigkeit des Inhaltes angepasst werden (Meinholz & Förtsch, 2019, S. 420). Dadurch wirkt die Präsentation gleich lebendiger und interessanter auf den einzelnen Zuhörenden (Bühler et al., 2019, S. 85). Bühler und Kollegen (2019) geben außerdem den Tipp, dass auf die Geschwindigkeit beim Sprechen geachtet werden soll. Wenn der Vortragende zu schnell redet, zeugt dies beim Publikum von Nervosität und die Teilnehmenden hören nicht mehr zu (Bühler et al., 2019, S. 85). Einen weiteren wichtigen Aspekt nennen Grass und Kollegen (2008). Sie weisen darauf hin, dass Füllwörter und Worthülsen ohne Aussagekraft in einen Vortrag ebenso vermieden werden sollen, da diese die Aufmerksamkeit der Zuhörenden kostet (Grass et al., 2008, S. 27).

Weiter oben wurden bereits die Pausen zur Wirkung des Gesagten betont. Meinholz und Förtsch (2019) weisen darauf hin, dass diese rhetorischen Pausen ein gestalterisches Sprachelement sind, die unter anderem Spannung bei den Zuhörenden erzeugt, diese aber auch zum Nachdenken über das Gesagte anregt (Meinholz & Förtsch, 2019, S. 420).

Ein weiteres wichtiges Mittel zum Aufbau einer Beziehung zu den Teilnehmenden, aber auch um zu sehen, wie das Gesagte aufgenommen wird, ist der Blickkontakt. Nach Meinholz und Förtsch (2019) führt der Blickkontakt dazu, dass das Publikum sich mitgenommen und vor allem angesprochen fühlt. Weiterhin erwähnen die Autoren, dass Blickkontakt den Teilnehmenden den Eindruck vermittelt, dass der Redner sich sicher in seiner Rolle fühlt (Meinholz & Förtsch, 2019, S. 420).

18

Als Letztes sollen die Körperhaltung, Mimik und Gestik angesprochen werden. Nach Bühler und Kollegen (2019) sind diese drei Komponenten, die wichtigsten nonverbalen Kommunikationsmittel. Die Körperhaltung, Mimik und Gestik sind das, was die Zuhörer als Erstes von dem Vortragenden wahrnehmen. Dies beginnt bereits mit dem Gang zum Rednerpult. Der Gang wird dabei durch die Atmung beeinflusst, weshalb ein ruhiges Ein- und Ausatmen empfohlen wird (Bühler et al., 2019, S. 86). Weiterhin schreiben Bühler und Kollegen (2019), dass eine offene Körperhaltung den Zuhörenden Freundlichkeit, Aufmerksamkeit, Souveränität und Neugierde vermitteln. Als negativ Beispiel werden daneben noch die unterspannte Körperhaltung, die überspannte Körperhaltung und die geschlossene Körperhaltung vorgestellt. Alle drei Formen sollten vermieden werden, da diese einen negativen Eindruck bei den Teilnehmenden hinterlassen (Bühler et al., 2019, S. 87). Das Gleiche gilt übrigens ebenso für die Mimik und die Gestik. Dabei demonstriert, nach Grass und Kollegen (2008) eine lockere und scheinbar ungezwungene Gestik eine gewisse Selbstverständlichkeit und Routine des Redners. Hingegen wirkt eine schwache Gestik schnell ermüdend, desinteressiert, herablassend oder steif. Das andere Extrem, eine zu starke Gestik, wirkt hingegen oft einstudiert, einfältig oder aufgesetzt (Grass et al., 2008, S. 30). Es ist demnach zu empfehlen, das richtige Maß zu treffen und mit einem fröhlichen Gesichtsausdruck auf die Menschen zuzugehen (Meinholz & Förtsch, 2019, S. 421).

4.2 Eine Argumentationskette zum Punkt Datensicherheit

Für diese Präsentation wurde sich für die Pyramidenstruktur entschieden. Nach Engelfried und Zahn (2012) organisiert die Pyramide die Aussagen hierarchisch und schlüssig. Die Spitze der Pyramide stellt die Kernbotschaft der Präsentation dar. Entsprechend der Struktur einer Pyramide verbreitert sich diese nach unten und geht in jeder Ebene ein Stückchen tiefer in die Details. Wichtig ist, dass das Fundament der Pyramide aus Daten und Fakten oder zugrunde liegenden Annahmen besteht. Nach Engelfried und Zahn (2012) ist es typisch, dass in geschäftlichen Präsentationen der Ansatz der Top-down-Kommunikation angewendet wird (S. 112-113). In diesem Fall wird sich ebenfalls für die Top-down-Kommunikation entschieden, weil in der Präsentation die Wichtigkeit von Sicherheitsbestimmungen erläutert werden soll, um die Einhaltung derer zu fördern. Die

Bottom-up-Kommunikation würde sich hingegen empfehlen, wenn die Sicherheitsbestimmungen erst noch erarbeitet werden müssten (Engelfried & Zahn, 2012, S. 113).

Im Anschluss wird die Pyramide in Form von logischen Ketten weiter aufgebaut. Nach Engelfried und Zahn (2012) entspricht dies „stets dem Muster eines Syllogismus: Jeweils zwei Prämissen (Voraussetzungen oder Annahmen) führen zu einer Konklusion (Schlussfolgerung)" (S. 116).

Für den Punkt Datensicherheit könnte diese Pyramide wie in der Abbildung 2 dargestellt werden.

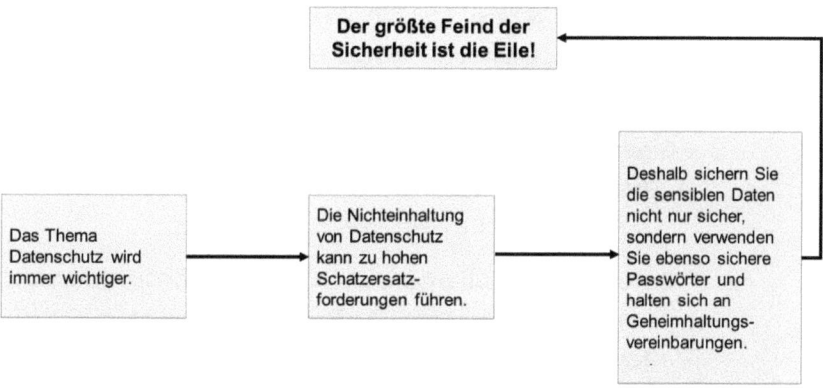

Abbildung 2: Argumentationskette
(Quelle: Eigene Darstellung in Anlehnung an Engelfried & Zahn, 2012, S. 116)

Nach dem in Abbildung 2 gezeigten Argumentationsmuster wird zuerst die Kernbotschaft genannt. Im zweiten Schritt kommt die erste Prämisse, die eine Aussage beinhaltet. Diese Aussage ist neutral, aber nicht trivial formuliert. Im dritten Schritt kommt die zweite Prämisse, die typischerweise ein Kommentar mit „und …" oder „aber …" darstellt. Im letzten Schritt erfolgt die Schlussfolgerung, die mit einem „deshalb …" eingeleitet wird. Diese Argumentationskette beantwortet die Frage nach dem „Warum" (Engelfried & Zahn, 2012, S. 116).

Diese oder eine ähnliche Argumentationskette kann in der kompletten Präsentation ihre Anwendung finden.

Literaturverzeichnis

Altmann, G. (Autor). *Network - Keyborad - Hand - Block Chain - Globe* [Bild]. Zugriff am 08.03.2020. Verfügbar unter https://pixabay.com/photos/network-keyboard-hand-block-chain-3664108/

Arenberg, P. (2015). *Kreativitäts- und Präsentationstechniken. Titel Nr.: 0246-04* (4.). Riedlingen: SRH Fernhochschule.

Bühler, P., Schlaich, P. & Sinner, D. (2019). *Präsentation. Konzeption - Design - Medien* (1.). Berlin: Springer-Verlag. https://doi.org/10.1007/978-3-662-55516-3

Engelfried, J. & Zahn, S. (2012). *Wirkungsvolle Präsentationen von und in Projekten* (1.). Wiesbaden: Springer Fachmedien. https://doi.org/10.1007/978-3-8349-4258-6

Graebig, M., Jennerich-Wünsche, A. & Engel, E. (2011). *Wie aus Ideen Präsentationen werden. Planung, Plot und Technik für professionelles Chart-Design mit PowerPoint* (1.). Wiesbaden: Springer-Verlag.

Grass, B., Ant, M., Chamberlain, J. R. & Rörig, H. (2008). *Schritt für Schritt zur erfolgreichen Präsentation* (1.). Berlin: Springer-Verlag. https://doi.org/10.1007/978-3-540-78436-4

Hartmann, M., Funk, R. & Nietmann, H. (2012). *Präsentieren. Präsentationen: zielgerichtet und adressatenorientiert* (9.). Weinheim: Beltz Verlag.

Hey, B. (2019). *Präsentieren in Wissenschaft und Forschung* (2.). Berlin: Springer-Verlag. https://doi.org/10.1007/978-3-662-53609-4

Hütter, H. & Degener, M. (2003). *Praxishandbuch Power-Point-Präsentation. Inhalte sinnvoll strukturieren - Charts professionell gestalten - Zuschauer überzeugen und begeistern* (1.). Wiesbaden: Gabler Verlag. https://doi.org/10.1007/978-3-322-84463-7

Kawasaki, G. (2005). *The 10/20/30 Rule of PowerPoint*. Zugriff am 08.03.2020. Verfügbar unter https://guykawasaki.com/the_102030_rule/

Meinholz, H. & Förtsch, G. (2019). *Führungskraft Ingenieur* (2.). Wiesbaden: Springer Fachmedien. https://doi.org/10.1007/978-3-658-23906-0

Renz, K.-C. (2016). *Das 1 x 1 der Präsentation. Für Schule, Studium und Beruf* (2.). Wiesbaden: Springer Fachmedien. https://doi.org/10.1007/978-3-658-10211-1

Schoof, A. & Binder, K. (2017). *Auf den Punkt: Präsentationen pyramidal strukturieren. Erfolgreicher kommunizieren mit klaren Botschaften und ergebnisorientierter Struktur* (2.). Wiesbaden: Springer Fachmedien. https://doi.org/10.1007/978-3-658-17490-3

Schott, D. U. (2019). *Souverän präsentieren - Die erste Botschaft bist Du. Wie Sie Körpersprache authentisch und wirkungsvoll einsetzen* (1.). Wiesbaden: Springer Fachmedien. https://doi.org/10.1007/978-3-658-24848-2